Les Rocheuses Canadiennes

Titre original : The Canadian Rockies

Copyright 1981 Whitecap Books Ltd.
Second (Revised) Edition 1982
ISBN 0-920620-68-X

Tous droits réservés. La reproduction d'un extrait de ce livre, par quelque procédé que ce soit, tant électronique que mécanique, en particulier par photocopie, est interdite sans l'autorisation écrite des éditeurs.

Les Rocheuses Canadiennes

Introduction de Richard T. Wright
Photos compilées par Bob Herger
Traduit de l'anglais par Claire Dupond

WHITECAP BOOKS
NORTH VANCOUVER • BRITISH COLUMBIA • CANADA

Introduction
Richard T. Wright

Entre les pâturages sans fin des plaines centrales de l'Amérique du Nord et l'océan Pacifique, il existe un pays tourmenté, fait de glace et de neige, de pics rocheux et de vallées verdoyantes, un pays de glaciers et de rivières où règnent les animaux et les fleurs sauvages, un pays que traversent timidement des autoroutes et des voies ferrées sinueuses.

C'est cet univers montagneux, cette imposante cordillère rocailleuse, qui forme l'épine dorsale accidentée du continent nord-américain. Depuis l'isthme de Panama jusqu'au détroit de Béring envahi par les banquises, cet immense territoire sauvage et hérissé, qui représentait autrefois un obstacle de taille aux voyages transcontinentaux, sert maintenant de refuge contre la vie urbaine.

À la seule mention des Rocheuses, on imagine aussitôt cette masse de sommets, large de 650 kilomètres et longue de 2 500 kilomètres. En réalité, la largeur des Rocheuses ne dépasse pas 160 kilomètres, et si l'on fait exception de cette section grandiose qui s'étend depuis le 49e parallèle jusqu'au Territoire du Yukon, elles ne sont guère que des collines qu'on croyait jadis issues de l'imagination fertile d'un employé des chemins de fer.

À l'ouest des Rocheuses, se succèdent la chaîne Columbia, les Ominecas, les monts Cassiars, les Skeenas, la chaîne Côtière et la chaîne Insulaire, qui se divisent tous en des chaînes plus petites et une multitude de sommets. Par exemple, les chaînes des Purcell, des Selkirk, des Monashee et des Cariboo font toutes partie de la chaîne Columbia. Si impressionnantes qu'elles soient, elles n'ont pas la grandeur, la majesté et l'envergure des Rocheuses.

À l'est, les montagnes Rocheuses marquent la frontière avec les Prairies, tout comme la Grande Muraille de Chine marque la frontière de la Mongolie, ou comme le mur d'Hadrien séparait les Pictes des Celtes. Mais si l'on peut concevoir les Rocheuses comme un mur entre deux zones géographiques totalement distinctes, les monts et les vallées, eux, se prolongent sur des centaines de kilomètres.

Lorsqu'on vient de l'ouest, les Rocheuses semblent noyées dans une mer de montagnes s'étendant vers l'est et on ne peut les découvrir dans toute leur magnificence. Mais les voyageurs se dirigeant vers l'ouest les voient, pendant des heures, se profiler à l'horizon, semblables à une muraille de pierre infranchissable et s'élançant vers le ciel depuis les premiers contreforts et le niveau des plaines. En moins d'un kilomètre, les Prairies dépourvues de tout relief cèdent la place à des pics qui peuvent atteindre 2 750 mètres.

Les peuplades amérindiennes connaissaient ces montagnes : les Crees des plaines, les Pieds-Noirs des contreforts et les Stoneys vécurent dans les Rocheuses pendant dix mille ans. John Knight, qui séjourna à Fort Churchill où il représentait la Compagnie de la baie d'Hudson, semble bien avoir été le premier à décrire ces tribus qui s'étaient établies sur ces sommets mythiques. En 1716, il parlait, dans son journal, des « Indiens des montagnes » qui vivaient très loin, dans un pays où les sommets touchaient presque au ciel. Pendant des décennies, ces montagnes relevèrent de la légende. C'est dans le journal de Legardeur Saint-Pierre, daté de 1752, qu'il en est fait mention pour la première fois sous leur nom actuel, « les Montagnes de Roche ». En 1754, Anthony Henday, qui parcourait les Prairies, devint le premier Européen à apercevoir la muraille de pierre.

Pas plus que leurs successeurs, ces pionniers n'atteignaient les Rocheuses comme nous le faisons aujourd'hui. Il leur fallait des semaines pour traverser les plaines qui s'étendaient sur plus d'un millier de kilomètres, depuis l'extrémité du Bouclier canadien jusqu'aux contreforts. Plus au nord, aux environs de Fort Edmonton, ils s'enfonçaient pendant 320 kilomètres dans les marécages et les forêts d'épinettes, empruntant une piste étroite, sombre et entrecoupée de fondrières ; leur horizon se limitait aux pins et aux épinettes qui bordaient la piste et à la croupe d'un cheval qui se dirigeait vers l'ouest.

Soudain, les pics légendaires apparaissaient dans toute leur splendeur majestueuse — les Montagnes de la Roche. Rien n'avait préparé les voyageurs à une telle expérience. Aujourd'hui, à cause de la télévision et des photographies, on a du mal à concevoir le choc ressenti à la vue de cette barrière naturelle. Le voyageur contemporain, pourtant prévenu, n'en est pas moins renversé par leur aspect grandiose. On peut alors imaginer la crainte éprouvée par les voyageurs d'autrefois quand, après des semaines et parfois des mois de route, ils se trouvaient au pied de cette barrière de glace et de neige. La plupart d'entre eux ont relaté leurs impressions dans leur journal.

Thomas McMicking, qui fut le chef des Voyageurs de 1862, en a fait le récit suivant :

« Le mercredi 13, à midi juste, lorsque le convoi émergea d'un marais entouré d'épinettes et s'arrêta pour déjeuner sur une faible éminence, nous vîmes distinctement les montagnes Rocheuses pour la première fois. Même si nous en étions encore à une centaine de milles, leurs contours sombres étaient nettement visibles à l'horizon et leurs hauts sommets couverts de neige, qui se détachaient hardiment contre le bleu du ciel en contrebas et étincelaient au soleil, leur donnaient l'air de nuages cotonneux flottant dans le lointain. Le groupe fut transporté par ce spectacle ; en dépit des dangers ou des difficultés qui nous attendaient probablement, nous en avions tous assez de cette interminable succession de collines, de rivières et de marais, de marais, de rivières et de collines, et nous étions prêts à affronter n'importe quel danger susceptible de mettre fin à nos tourments ou d'en modifier la nature. »

Quatre jours plus tard, le groupe atteignit les Rocheuses :

« S'il est vrai, ainsi qu'on le prétend, que « l'immensité engendre la sublimité », nous avons eu droit à un spectacle qui était à la fois écrasant et d'une grandeur sublime. »

L'année suivante, en 1863, le docteur Cheadle et Viscount Milton suivirent la même route, et le docteur Cheadle nota ses impressions dans son journal :

« Jeudi, le 25 juin. (...) Je me suis arrêté pour attendre les autres en haut d'un monticule dénudé, au milieu des bois touffus qui cernaient la berge, et j'ai vu les montagnes Rocheuses pour la première fois. Enveloppées d'une légère brume bleutée, elles étaient grandioses. À l'avant-plan, à nos pieds, l'Athabasca coulait rapidement entre ses rives escarpées, couvertes de pins, d'épinettes et de peupliers. Plus loin, des chaînes de collines, également couvertes de pins, s'étiraient du nord au sud. Encore plus loin, selon le même axe, on devinait dans la brume la première chaîne de montagnes « de facto », adossée contre des montagnes encore plus hautes ; le soleil brillait sur les sommets. Un passage, aussi précis que s'il avait été tranché au couteau, nous indiquait ce que nous pensâmes être l'emplacement de Jasper's House et l'entrée du défilé qu'il nous faudrait franchir. Il ne devait pas se trouver à plus de 12 ou 15 milles et nous comptions pouvoir l'atteindre avant le coucher du soleil. »

En décembre 1870, William Francis Butler, l'un des écrivains qui a le mieux décrit les Prairies, aperçut à son tour les montagnes pour la première fois. La description qu'il en a faite est restée inégalée :

« ... et j'eus devant moi un spectacle inoubliable. L'imposante chaîne des montagnes Rocheuses dressait ses sierras couvertes de neige en une suite sans fin. Je grimpai sur une butte d'où j'eus une meilleure vue sur un sommet dont, bien des années auparavant, les arbres avaient été rasés par un incendie. Puis, me tournant vers l'ouest, j'aperçus la grande chaîne dont aucun nuage ne venait gâter la splendeur. La neige avait dégagé l'atmosphère, le ciel était d'une luminosité glaciale. À mes pieds, une immense plaine s'étalait jusqu'à la montagne — une plaine si vaste que les collines, les forêts et les lacs en paraissaient miniaturisés — et, en arrière-plan, au-delà des pins, des lacs et des cours d'eau, se dressait cette chaîne gigantesque, massive, infranchissable, silencieuse, semblable à une barrière grandiose jaillie au beau milieu d'un immense territoire, veillant comme une sentinelle sur les plaines et les prairies d'Amérique, sur la solitude infinie de ce Grand Pays solitaire. C'étaient, enfin, les Rocheuses. »

La formation des Rocheuses a commencé il y a des millions d'années, lorsque des sédiments s'accumulèrent sur près d'un kilomètre et demi d'épaisseur en une immense mer intérieure. Pendant cinq cents millions d'années, le fond de l'océan s'affaissa sous leur poids. Les strates se multiplièrent et finirent par se changer en rocs. Plus de cent millions d'années avant notre ère, alors que les dinosaures erraient sur les rives de cette mer intérieure, certaines strates se déplacèrent vers l'est sous l'effet de l'activité volcanique qui se déploya le long de ce qui constitue aujourd'hui le littoral de la Colombie britannique. À l'endroit même où sont maintenant les Rocheuses, elles se plissèrent et se crevassèrent, un peu à la façon d'un tapis ou d'une nappe qu'on aurait repoussés. En divers endroits, elles recouvrirent des roches plus jeunes et s'érodèrent rapidement. Puis les fleuves et les rivières transportèrent vers les plaines les sédiments érodés où ils formèrent d'immenses cônes de déjection.

Pendant encore cinquante millions d'années, l'érosion façonna le paysage et, de nouveau, une mer intérieure submergea les plaines de l'est. La pression venant de l'ouest augmenta, provoquant d'autres plissements et poussant les montagnes toujours plus loin en direction de l'est. Puis, il y a quelque dix millions d'années, la région fut le théâtre d'un autre soulèvement de terrain et la déclivité des rivières s'accrût, en même temps que l'érosion et la désagrégation. C'est au cours d'une récente phase géologique que le territoire a acquis l'aspect qu'on lui connaît maintenant, au moment où, il y a environ douze mille ans, les glaces du Wisconsin glissèrent vers le sud en effaçant les vallées et les défilés, à l'endroit précis où coulent aujourd'hui les rivières et passent les autoroutes. L'érosion se poursuit toujours avec chaque goutte d'eau qui glisse le long des pentes, avec chaque lichen qui attaque la roche dénudée, avec la moindre brise.

En se retirant, les glaciers ont laissé de nombreuses formations géologiques particulièrement intéressantes, dont le glacier Berg, haut de 200 mètres sur le mont Robson et qui continue de se déplacer, ainsi que le champ de glace Columbia qu'on peut atteindre par l'autoroute Banff-Jasper. Le mont Assiniboine, le Cervin du Canada, épouse la forme d'une tour semi-pyramidale parsemée de cirques, tandis que, pour sa part, le lac Louise comble une dépression creusée par les glaces. Des chutes, comme la Takakkaw, qui tombe d'une hauteur de 380 mètres, plongent depuis des vallées suspendues d'origine glaciaire, et des marmites de géants jalonnent les endroits d'où les glaces se sont retirées en laissant de petits lacs circulaires. Entre les parcs Glacier et Waterton, le pic Vimy offre un parfait exemple d'une « faille de chevauchement », c'est-à-dire, du recouvrement de nouvelles formations par des roches sédimentaires plus anciennes. Des routes et des sentiers mènent à ces accidents géologiques ainsi qu'à de nombreux autres.

Les montagnes Rocheuses ont une grande influence sur le climat environnant. Des masses d'air humide sont entraînées vers l'est, depuis le Pacifique, par les vents dominants. Quand ils atteignent les pics élevés, les nuages et les masses d'air, aspirés par une force ascendante, se refroidissent de plus en plus jusqu'à ce qu'il y ait condensation et qu'ils se changent en neige ou en pluie frappant le versant côtier. Par contre, les précipitations sont beaucoup moins abondantes sur le versant est qui se trouve sous le vent. Ce phénomène se répète pour chaque chaîne de montagnes, créant des conditions climatiques distinctes ainsi que des taux de précipitation différents selon les régions. Il s'ensuit que chaque chaîne comporte plusieurs zones climatiques, ce qui se traduit par une faune et une végétation très diversifiées.

Dans les montagnes, cette diversité est à l'origine de formes de vie qui sont en fonction de l'altitude. Dans les Rocheuses, on distingue quatre zones. La zone arctique ou alpine s'étend depuis les plus hauts sommets couverts de glace et battus par les vents jusqu'à une altitude variant entre 2 225 et 2 377 mètres. Là, la lutte pour la vie est l'unique règle. Il n'y pousse aucun arbre, mais, en été, de nombreuses espèces de fleurs couvrent les alpages au sol pauvre et les lichens colorent quelque peu le roc dénudé. Les aigles dorés planent au-dessus des sommets et seules les chèvres de montagnes, au pied sûr et dont la toison blanche s'harmonise avec les pics neigeux, peuvent en escalader les cimes. Montant des prairies, un sifflement trahit la présence de la marmotte du Canada, communément appelée « siffleux ».

Le cri du « siffleux » se répercute en contrebas, le long de la zone hudsonienne qui va de la zone arctique jusqu'à un palier de 1 830 mètres. C'est là qu'on trouve le magnifique mouflon ainsi que l'orignal, le carcajou et le grizzly. À cette hauteur, des bosquets de mélèzes de Lyall, d'épinettes d'Engelmann et de sapins se dressent au milieu des prairies, et les fleurs, qui n'ont plus à s'abriter contre les parois rocheuses, s'élancent vers le soleil du haut de leurs longues tiges.

Cette transition se poursuit dans la zone canadienne qui descend jusqu'à 1 371 mètres d'altitude. Les lupins, les clintonies uniflores et les buissons de baies y poussent au milieu des érables nains, des épinettes blanches et des pins à feuilles tordues. Le wapiti peuple les forêts en compagnie de l'ours noir, du couguar et du mouflon migrateur.

Au fond des vallées, à une altitude d'environ 1 220 mètres, les parcs et les prairies abritent une profusion d'animaux plus petits, comme les lapins et les lièvres, les campagnols et les tamias, aux côtés du cerf mulet et de l'orignal, tandis qu'une grande variété d'oiseaux ont élu domicile dans les saules qui bordent les lacs et les rivières. L'herbe est plus abondante et le tremble dote les forêts d'une tache plus claire qui, à l'automne, se change en or.

La renommée des parcs nationaux ouverts sur les sommets des Rocheuses n'est plus à faire. Avec les parcs International Peace et Waterton au sud, on en compte huit, dont les parcs Kootenay, Yoho, Banff et Jasper. Il y a aussi de nombreux parcs provinciaux, dont ceux du Mont Assiniboine et du Mont Robson, en Colombie britannique, et celui de Willmore Wilderness, en Alberta. Le plus populaire de tous, le parc national de Banff, est depuis longtemps un centre de villégiature réputé et aussi controversé.

En 1885, en conséquence de l'accord sur la Confédération intervenu entre la Colombie britannique et le gouvernement fédéral, le chemin de fer du Canadien Pacifique commença à s'enfoncer vers l'ouest. Tandis que les poseurs de rails progressaient prudemment le long des pentes et des couloirs d'avalanches ainsi que des rivières au creux des vallées, deux cheminots remarquèrent de la vapeur qui s'élevait sur la rive sud de la rivière Bow. On constata qu'il s'agissait d'une source sulfureuse et les deux ouvriers, à l'esprit entreprenant, s'empressèrent de construire un établissement thermal à l'intention des poseurs de rails, sales et fatigués. L'affaire prospéra jusqu'au jour où une dispute sur les titres de propriété éveilla l'attention du président du C.P., Sir William Van Horne. Celui-ci vit tout le parti qu'on pourrait tirer du monopole des bains, mais comme l'établissement ne lui appartenait pas, il finit par prendre toute l'affaire en aversion. Néanmoins, il pressa le Premier ministre, Sir John A. MacDonald, de donner le statut de réserve à toute la région et de la développer aux frais du gouvernement. Bien entendu, le C.P. se chargerait d'y amener des touristes. Comme le déclara Van Horne : « Puisque nous ne pouvons pas exporter le paysage, nous devrons donc importer les touristes. » MacDonald donna rapidement son accord et les deux découvreurs, bloqués dans leur tentative d'obtenir des titres de propriété, touchèrent une compensation. Un luxueux hôtel, le Banff Springs, fut construit à proximité de la source et ouvrit ses portes en 1888.

En créant, en 1887, un parc de 6 640 kilomètres carrés, le Dominion du Canada ne faisait qu'imiter les États-Unis qui avaient ouvert le parc national Yellowstone en 1872. Il y avait toutefois une différence. Yellowstone devait demeurer à l'état sauvage, tandis que Banff avait été créé en vertu de ce qu'on appela « une politique de mise en valeur ». Il deviendrait un lieu de villégiature à l'européenne pendant que, parallèlement, on continuerait l'exploitation des forêts et des mines de charbon. Cette utilisation multiple a diminué depuis, mais les discussions se poursuivent toujours, alors que divers groupes font pression en faveur de la protection de l'environnement, du tourisme ou de la multiplication des installations récréatives. Banff, ainsi que Jasper mais dans une moindre mesure, est devenu un important centre touristique qui offre une vaste gamme d'activités.

Plusieurs modes de transport donnent accès aux divers parcs. On peut atteindre certaines régions par train ou en empruntant la Transcanadienne et autres routes pavées. Des pistes et des sentiers, qui couvrent un total de 1 126 kilomètres, mènent les excursionnistes vers quelque trois mille terrains de camping. En hiver, les amateurs de ski alpin ou de randonnée peuvent emprunter des pistes similaires. Enfin, des téléphériques installés à une altitude de 396 mètres sur le mont Norquay et de 701 mètres sur le mont Sulphur transportent les vacanciers qui aiment les paysages spectaculaires. Plus au nord, celui de Whitehorn surplombe le lac Louise et la ligne de partage des eaux. En été, ils mènent aux hauts plateaux où l'on peut suivre des sentiers bordés de mélèzes et entrevoir les mouflons qui peuplent ce pays féerique. Gagnés par un sentiment de sécurité, nous pouvons descendre la rivière Bow en canot pneumatique, faire du canoë sur les lacs et les cours d'eau, parcourir le lac Minnewonka en vedette ou explorer à cheval des cimes et des vallées sauvages.

De nombreux autres parcs nationaux et provinciaux ainsi que des centres de villégiature se succèdent à l'ouest du grand corridor des Rocheuses. Le parc national Yoho, qui côtoie celui de Banff, est traversé par l'autoroute transcanadienne. D'une superficie de 507 kilomètres carrés, il présente une topographie qui rappelle celle du parc Banff : pics tabulaires, pâturages alpins, et lacs verts et profonds offrent des panoramas inoubliables. La plupart de ces pics, dont vingt-huit dépassent 3 048 mètres, sont visibles depuis la Transcanadienne. Le col Rogers qu'emprunte l'autoroute entre Golden et Revelstoke est l'un des cols ferroviaires les plus célèbres de toute l'Amérique du Nord. Traversant l'épine dorsale des monts Selkirk à 1 327 mètres d'altitude, il reçoit en moyenne 940 centimètres de neige par an. Les avalanches y sont fréquentes et même si la plus grande partie de l'autoroute est protégée par des abris et des pare-avalanches, on doit souvent faire appel aux obusiers de l'armée pour faire sauter des amoncellements instables.

Le parc national Glacier est ainsi nommé parce que plus de cent glaciers coiffent les monts des chaînes Selkirk et Purcell. La roche de ces montagnes a près de cent cinq millions d'années, soit dix millions de plus que les Rocheuses. Des pistes y conduisent les excursionnistes, mais ceux qui préfèrent les emprunter en hiver ne doivent pas oublier que plusieurs traversent des couloirs d'avalanches et sont donc dangereuses. Quelques kilomètres plus à l'est, dans les Selkirk, le parc national du mont Revelstoke forme une réserve de 259 kilomètres carrés que l'érosion et la glaciation ont transformé en un territoire d'une rare beauté.

Le long du versant ouest des Rocheuses, une large vallée s'étire sur la moitié du continent en une trouée tellement nette et symétrique qu'on la croirait tracée dans le sable par un doigt céleste. C'est le Sillon des Rocheuses, un réservoir naturel que les ingénieurs songent souvent à remplir d'eau, de telle sorte que l'inondation de la moitié des vallées du versant ouest qui en résulterait permettrait d'irriguer le sud. Le fleuve Columbia en traverse la partie qui se trouve en Colombie britannique et forme une frontière entre les Rocheuses et les Purcell. L'autoroute 95 longe la trouée et permet d'accéder à une région qui attire de plus en plus les alpinistes, la « Bugaboo Alpine Recreation Area ». Seuls les alpinistes chevronnés peuvent y pratiquer leur sport ; la piste mène aux parois abruptes et tourmentées du Snowpatch Spire, du Bugaboo Spire et des Howser Towers qui surplombent les glaciers. En hiver, quand une épaisse neige poudreuse couvre les pentes glacées, on entend le bourdonnement des hélicoptères auquel succède le crissement des skis traçant des sillons dans la neige. C'est là l'une des plus importantes zones de ski accessibles par hélicoptère de tout le continent, et des sportifs y viennent de toutes les parties du monde pour savourer le plaisir de skier dans cette poudreuse abondante.

Les parcs des Rocheuses offrent de multiples attractions aux visiteurs variés. La ville touristique de Banff est un bon exemple de la diversité des intérêts. Elle est considérée par beaucoup de voyageurs comme étant l'une des plus belles stations du monde et possède une multitude d'attractions. Elle a été pour moi quelquechose de différent et qui ne se rapporte à aucune de ces images.

Je devais avoir huit ans, la première fois que j'ai visité Banff. Je portais des culottes courtes, des souliers lacés et un chandail blanc. Je me souviens encore de ces premières images. Nous étions arrivés par le train, une longue file sinueuse de wagons Pullman tirés par de grosses locomotives noires, haletantes et crachotantes. Je me rappelle aussi qu'un soir où mon père avait faim, le chasseur lui apporta une cuisse de poulet, qu'on me permit de monter sur la locomotive et que je fus émerveillé devant sa terrifiante puissance. Des parcs, je n'ai conservé que des images imposantes : des montagnes d'une hauteur comme je n'en avais jamais vu auparavant, des Amérindiens un peu partout, le grand hôtel Banff Springs. Un enfant ne pouvait qu'être impressionné par de pareilles scènes.

Pour bien des gens, et je me compte parmi eux, un séjour dans les parcs des Rocheuses tient presque de l'expérience spirituelle. On peut, en de nombreux endroits, refaire connaissance avec soi et même éprouver des sentiments proches de ceux qu'ont dû ressentir les voyageurs d'autrefois. D'ailleurs, le rôle important et dynamique qu'ont joué les montagnes dans le développement de la culture canadienne est éloquemment illustré par notre art et notre littérature.

Les montagnards — ceux qui aiment les montagnes et y habitent, et ceux qui y reviennent constamment — sont différents des autres. Ils éprouvent un sentiment de bien-être à la vue de ces montagnes qui emplissent l'horizon et une sorte d'extase lorsqu'ils en escaladent les versants. Avec leur puissance sauvage, ces imposants paysages inspirent davantage le respect que la crainte.

Cette force qui se dégage des montagnes est une source d'inspiration, non seulement pour les artistes, mais également pour les hommes et les femmes qui voient en elles un défi. Ils affrontent les sommets avec des pitons, des piolets et des cordes, les pentes avec des skis et les rivières tumultueuses avec des kayaks et des radeaux pneumatiques. Ils y viennent pour partager les montagnes avec la faune et la flore et pour retrouver ce sentiment de communion avec la nature si souvent étouffée dans les villes. Ils y viennent pour se régénérer à la fois mentalement et physiquement, ainsi que pour se mesurer à la nature.

Les montagnes représentent tellement de choses pour tant de gens qu'on ne saurait prétendre en capter l'essence à partir des impressions d'un seul individu. Mais, quel que soit le visiteur, quel que soit le but de son séjour, il est certain de pouvoir se distraire et se régénérer dans le cadre des Rocheuses.

L'autoroute Banff-Jasper, à la hauteur du lac Bow.

Excursion sur le plateau Opabin, parc national Yoho.

Le mont Whymper (2 844 mètres), parc national Kootenay.

Ski de randonnée sur le lac Louise, parc national Banff.

Le glacier Bow et le pic incliné Saint-Nicolas, parc national Banff.

Le glacier Scott, prolongement du champ de glace Hooker, dans le parc national Jasper.

Page précédente : L'hôtel Banff Springs se dresse dans la splendeur des Rocheuses. C'est à la suite de sa construction, au cours des années 1880, que la ville de Banff a été édifiée au cœur de cette région sauvage.

Ci-dessous : Le lac Peyto change de couleur au fil des saisons. En arrière-plan, à gauche, on voit le mont Paterson (3 179 mètres).

Ci-dessus : Situées sur le versant nord-est du mont Sulphur, les eaux thermales de Banff ont été découvertes en 1883 par des employés du chemin de fer Canadien Pacifique.

Pages suivantes : Les lacs Waterton, ainsi nommés en l'honneur de Charles Waterton, célèbre naturaliste du 18e siècle.

Camping dans la vallée Larch, au parc national Banff.

Le col Miette, parc national Jasper.

Page suivante : Le mont Rundle (2 950 mètres) illustre bien, par sa cassure, l'amoncellement des couches sédimentaires. Cette imposante montagne inclinée se trouve immédiatement au sud-est de Banff.

Ci-dessus : L'autoroute transcanadienne, à l'ouest de Calgary. À l'arrière-plan, on aperçoit les Rocheuses enveloppées dans les nuages. Malgré l'intervention de l'homme, ce panorama est resté à peu près intact.

Un cerf mulet adulte. On entrevoit souvent cet animal autour des régions habitées des Rocheuses.

Le grizzly vit en haute altitude, loin des hommes ; rares sont les visiteurs qui ont réussi à l'apercevoir en montagne.

Le mont Edith Cavell (3 363 mètres), nommé ainsi en mémoire d'une héroïque infirmière de la Première Guerre mondiale, domine la ville de Jasper.

Pages suivantes: Le Lac Moraine et La Vallée des Dix Sommets, Parc National de Banff.

Le lac Waterfowl sud, près de l'autoroute Banff-Jasper.

En bordure de la ligne de partage des eaux, parc national Jasper.

Les Chutes Athabasca, Parc National de Jasper.

Le col de la Sentinelle grimpe entre les monts Pinnacle et Temple, parc national Banff.

Le mont Cathedral et le lac O'Hara dans le parc national Yoho.

Le feuillage doré d'un peuplier de l'ouest, en automne.

Ci-dessous : Le phlox de montagne pousse dans les zones arides et dénudées des Rocheuses.

Ci-dessus : Le lichen recouvre les arbres et les roches d'un tapis coloré.

Pages suivantes: Le Lac Maligne, un des endroits les plus spectaculaires des Rocheuses.

Coupe du Monde de ski au Mont Allan, emplacement des Jeux Olympiques d'Hiver 1988.

Un sourire de triomphe illumine le visage de cet alpiniste au sommet du Mont Lefroy; Parc National de Banff.

Page suivante : Ski alpin dans les monts MacBeth, des chaînons des Purcell.

Ci-dessus : Le mont Fay et la vallée Larch. Cette vallée, qui forme une vaste prairie subalpine, se trouve juste à l'est du lac Moraine.

Arbres couverts de givre dans le col Vermilion, à la limite des parcs nationaux Banff et Kootenay.

Le mont Columbia (3 747 mètres), le plus haut sommet de la province de l'Alberta.

Les Ramparts de la vallée Tonquin, parc national Jasper.

Le Lac Bow, Parc National de Banff.

Claytonie lancéolée, érythrone à grandes fleurs, phyllodoce à feuilles de camarine et champignons, parc national Jasper.

Chutes et fleurs alpines dans les Bugaboos, Colombie britannique.

Le lac Louise, le lac Mirror et la vallée Bow vus du Big Beehive.

Le Château Lac Louise et ses somptueux parterres.

Pages précédentes : Les montagnes Rocheuses, vues à une altitude de 11 500 mètres.

Le lac Emerald, parc national Yoho.

Le mont Assiniboine (3 618 mètres), le « Cervin des Rocheuses ».

Page précédente : Très active durant le jour, la marmotte du Canada rentre dans son terrier dès la tombée de la nuit. Elle hiberne entre septembre et la fin de mars.

Ci-dessus : L'écureuil roux d'Amérique est la seule espèce arboricole qu'on retrouve dans toutes les régions des Rocheuses. Il vit dans les forêts de conifères, à n'importe quelle altitude. On le reconnaît facilement à son jacassement très particulier.

Le Monica Meadows, un coin reculé des Purcell.

Dégel sur le lac Eiffel, dans la vallée des Dix Pics.

Le pic Glacier et le mont Ringrose, parc national Yoho.

Le mont Sir Donald, parc national Glacier, Colombie britannique.

Chèvre de montagne, parc national Jasper, Alberta.

Les lacs Consolation, vus du mont Temple, parc national Banff.

L'un des nombreux torrents qui environnent le lac Helen.

Le mont Cascade (2 998 mètres) et la ville de Banff.

Le coyote vit aussi bien dans les prairies que dans la toundra alpine.

Un orignal solitaire se désaltère dans le lac Sandy, dans les monts Cariboos.

Le mouflon des Rocheuses se nourrit de fourrage durant l'hiver.

Jeune cerf mulet dans le parc national Glacier.

Page précédente : Clair de lune sur le mont Stephen, près de Field, parc national Yoho.

Ci-dessous : Cette photo prise du belvédère surplombant le lac Peyto montre la vallée Mistaya en direction des monts Murchison et Wilson.

Ci-dessus : Le mont Resplendent, parc provincial du Mont Robson.

Pages suivantes : Le parc St. Mary's Alpine, près de Kimberley, en Colombie britannique.

La chute Marble Canyon, dans le parc national Kootenay.

Le mont Lefroy (3 423 mètres), dans la région du lac Louise.

Page suivante : Des cavaliers vérifient leur matériel au bord du lac Berg. À l'arrière-plan, le versant nord du mont Robson.

Ci-dessus : Le mont Robson (3 954 mètres) est le plus haut sommet des Rocheuses. C'est en 1913 que des alpinistes s'y sont attaqués pour la première fois. Depuis, les ascensions continuent de s'y succéder, mais on le considère toujours comme l'un des plus difficiles à escalader de tout le Canada.

Les skieurs sont transportés par hélicoptère dans les Cariboos.

Escalade de la chute Castlegar en hiver, parc national Banff.

La chute Takakkaw, dans le parc national Yoho, est la troisième plus haute en Amérique du Nord. Alimentée par le glacier Dali, du champ de glace Waputik, elle se jette dans la rivière Yoho.

L'ours noir est parfois si enjoué, que les touristes le croient apprivoisé. Bien qu'il ne soit pas aussi terrifiant que le grizzly, cet ours n'en est pas moins un animal sauvage, donc dangereux.

Pages suivantes: Fleurs alpines dans le Parc National Kootenay.

Le mont Castle (2 766 mètres) dans le parc national Banff.

Les monts Three Sisters, à Canmore, en Alberta.

Lac alpin dans les chaînons des Purcell.

Le canyon Red Rock et le mont Blakiston, parc national des Lacs Waterton.

Camping estival dans les monts Vowell, dans le nord des Bugaboos.

Ci-dessous : le champs de glace Columbia. En fondant, les nombreux glaciers de cette immense calotte glaciaire donnent naissance à des rivières qui, après un long parcours, se jettent dans le Pacifique, l'Atlantique ou l'Arctique.

Ci-dessus : Vue aérienne du Château Lac Louise et du lac, durant l'hiver.

Pages suivantes : Le magnifique spectacle des mélèzes dorés, près de Glacier Creek, dans les Purcell. Le mélèze est le seul conifère qui perd ses aiguilles en automne.

Chèvres de montagnes au bord de la rivière Athabasca, parc national Jasper.

Autrefois répandu sur tout le continent, le couguar vit maintenant que dans les régions sauvages et accidentées des Rocheuses, et dans les chaînes de l'ouest.

Le lagopède à queue blanche. En hiver, le plumage de cet oiseau, gros comme un pigeon, devient complètement blanc, ce qui lui fournit un excellent camouflage contre les prédateurs et facilite sa thermorégulation.

Pages suivantes: Le Glacier Tusk.

Page suivante : Le lever du soleil sur le mont Cory et la Transcanadienne marque le début d'un nouveau jour dans les Rocheuses canadiennes.

Ci-dessus : Des excursionnistes regardent les derniers rayons de soleil disparaître dans le Pacifique. Cette photo a été prise dans le parc provincial du Mont Robson, en Colombie britannique.

A l'hommage des photographes:

Couverture: J. R. A. Burridge; en bas de pages: Derek et Jane Abson p. 10: Bob Herger; p.11: Harry Rowed; p.12 en haut: Scott Rowed; en bas: Gary Fiegehen; p. 13 en haut: Scott Rowed; en bas: Lance Camp; p.14: High Country Color; p.15 en haut: Gar Lunney; en bas: D. Leighton; p.16/17: Ellis Anderson; p.18: M. E. Burch; p.19: Barbara Souther; p.20: J. A. Kraulis; p.21/22: Ervio Sian; p.23: Richard Wright; p.24: Mildred McPhee; p.25, 26/27: Bob Herger; p.28 en haut: Chris Harris; en bas: Gunter Marx; p.29: J. A. Kraulis; p.30, 31 en haut: Bob Herger; p.31 en bas: Doug Leighton; p.32/33: Patrick McGinley; p.34: S. Shortt; p.35: R. W. Laurilla; p.36: J. A. Kraulis; p.37, 38, 39: Scott Rowed; p.40: Harry Rowed; p.41: Bob Herger; p.42/43: Pat Morrow; p.44, 45: Scott Rowed; p.46,47: M. E. Burch; p.48/49: J. R. A. Burridge; p.50: M. E. Burch; p.51: J. A. Kraulis; p.52: Ervio Sian; p.54: Scott Rowed; p.55: J. A. Kraulis; p.56, 57: J. A. Kraulis; p.58: Lance Camp; p.59: Brad Truncik; p.60 en haut: Richard Wright; en bas: Bob Herger; p.61 en haut: Richard Wright; en bas: Bob Herger; p.62,63: Lance Camp; p.64/65: J. A. Kraulis; p.66: Bob Herger; p.67: J. A. Kraulis; p.68,69: Lance Camp; p.70: Scott Rowed; p.71: Pat Morrow; p.73: Bruno Engler; p. 74/75: Bob Herger; p.76 en haut: M. E. Burch; en bas: M. Buschert; p. 77 en haut: Bob Herger; en bas: J. A. Kraulis; p.78: Scott Rowed; p.79 en haut: Bob Herger; en bas: Gary Fiegehen; p.80/81, 82, 83 en bas: Scott Rowed; p.84/85: Bob Herger; p.86: Chris Harris; p.87: Scott Rowed; p.88: Gunter Marx.

Printed and bound in Canada by
D.W. Friesen & Sons Ltd.,
Altona, Manitoba